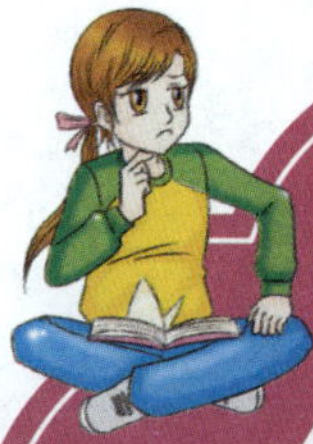

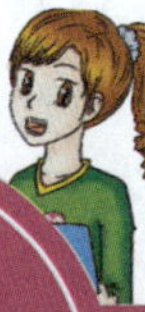

小女生心里的秘密

爸爸妈妈送给女孩的青春期手册

徐其浪 著

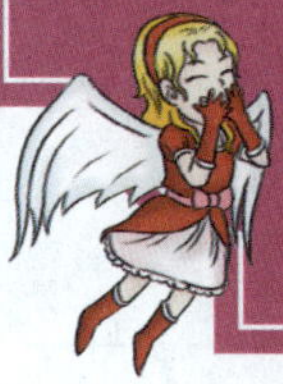

用科学与关爱解读小女生的青春期困惑
帮助家长走出性教育的尴尬与误区

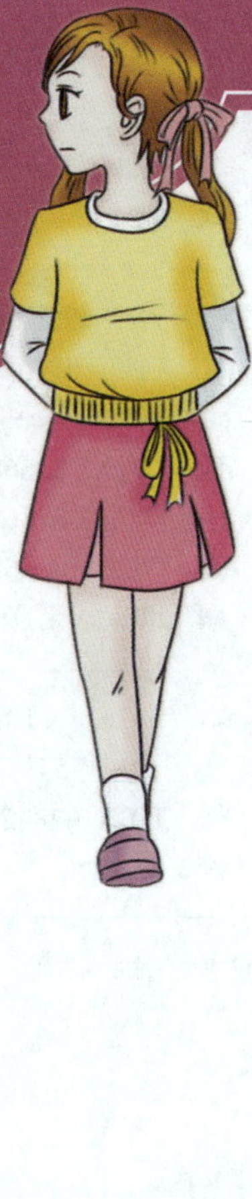

图书在版编目（CIP）数据

小女生心里的秘密：爸爸妈妈送给女孩的青春期手册 / 徐其浪著 . -- 西安：西安交通大学出版社，2017.3

ISBN 978-7-5605-9501-6

Ⅰ. ①小… Ⅱ. ①徐… Ⅲ. ①女性—青春期—健康教育—手册 Ⅳ. ① G479-62

中国版本图书馆 CIP 数据核字（2017）第 053752 号

书　　名　小女生心里的秘密：爸爸妈妈送给女孩的青春期手册
作　　者　徐其浪
责任编辑　贺彦峰　崔永政

出版发行　西安交通大学出版社
（西安市兴庆南路 10 号　邮政编码 710049）
网　　址　http://www.xjtupress.com
电　　话　（029）82668357　82667874（发行中心）
（029）82668315
传　　真　（029）82668280
印　　刷　北京瑞禾彩色印刷有限公司

开　　本　787mm×1092mm　1/16　**印张**　10.5　**字数**　90千字
版次印次　2017年5月第1版　2019年1月第2次印刷
书　　号　ISBN 978-7-5605-9501-6
定　　价　32.80元

读者购书、书店添货，如发现印装质量问题，请与本社发行中心联系、调换。

小女生
心里的秘密
让我们开始吧……

前言

女生进入青春期后，第二性征出现，身体逐渐发育，从一个小女孩成长为亭亭玉立的少女。可是，随着月经初潮、乳房隆起等发育变化，女生会产生惊慌失措、惶恐不安等情绪，并且在人前也表现得羞涩、腼腆。

女生意识到，自己已经不是一个天真的孩子了，与男生有了越来越明显的差别。性意识萌发，对男生开始有意地短暂疏远。

随着生理和心理的发展，女生对性知识产生浓厚兴趣，并且开始关注自身和男生的变化。最显著的心理变化是，从最初对男生的排斥，转化为对男生的吸引及爱慕。

女生对男生由好奇产生好感，迫切希望接触，增加交往和了解。她们开始注重修饰自己的仪表和文饰自己的言行，希望引起男生的注意和好感。

在和男生的交往中，女生希望得到男生的关注，在男生面前表现得或文静端庄，或落落大方，或活泼可爱……

随着青春期的女生逐渐走向性成熟，与男生的交往也逐渐多起来。她们开始产生了较明显、清晰的意识，对男生产生了浓厚的兴趣。她们渴望了解男生，希望自己被男生青睐，并对男生产生了爱慕和追求的心理。

青春期女生性心理的发展，主要涉及女生对自身性征发育的关注、与男生交往的体验、性冲动带来的各种心理状态，以及性价值观、恋爱观等方面的形成。

目录 contents

第二个阶段

女生在悄悄地改变…… · 62

3 第三个阶段 像花儿一样，含苞待放……·106

同桌是个“讨厌”的男生。写作业的时候，他的胳膊经常会碰到我。整洁的作业本上，立刻就划出了一条歪歪扭扭的曲线。忍无可忍，不想再忍，我决定：在桌子上划一条三八线！

“哼，有了这条三八线，只要他敢越界，那就等着我的‘九阴白骨爪’吧！哈哈！”

第1章　女生本涩

第2章　我是女生，我喜欢我!

第1章 女生本涩

一天晚上，晓晓迷迷糊糊地醒来，看到卧室里有一个“不明飞行物”——她穿着火红的连衣裙，袖珍精致。一头金黄色的卷发，一张可爱的娃娃脸，背后还有一对小翅膀，散发着耀眼的光芒。此时此刻，她正在晓晓的卧室里飞来飞去……

晓晓惊得瞪大眼睛，张着嘴，半天说不出话来。这时候，她落在晓晓的肩膀，自来熟地自我介绍，也不怕吓到别人脆弱的小心灵：“嗨！我是小仙女，来自小人国。我是偷偷溜出来玩的。”

晓晓好久才回过神来，伸手摸了摸自己的额头，确定自己没发烧。晓晓此时无比感谢自己那颗强大的心脏，终于接受了小仙女这“玄幻”般地存在。

小仙女眨巴着一双水汪汪的大眼睛，扮可怜博同情，感慨地说：“出来以后才发现，外面的世界既精彩又危险。”

半天，晓晓才找到了自己的声音，轻声问：“小仙女，既然这样，那你为什么不回家呢？”

“那不行！好不容易才出来，我可不想这么快就回去。”小仙女头一扬，一副谁也拿她没办法的样子。

“然后呢？”晓晓似乎有了不好的预感。

“然后？然后我就决定留在你这了！”小仙女笑嘻嘻，还一脸无辜地看着晓晓。

“为什么是我呢？”晓晓纠结了。

“因为你好——欺负！”小仙女说话大喘气。

晓晓嘴角的笑容还没来得及绽开，就被打击到了。看晓晓撅嘴，小仙女立马狗腿地过来讨好卖萌。“嘿嘿！逗你玩儿的，晓晓聪明可爱、美丽善良！聪明可爱、美丽善良的你，是不会眼睁睁地看着我遇到危险的吧？”小仙女充满期许地望着晓晓，好像晓晓要不答应，就成了罪人似的。

晓晓真无语了，自己的意见还重要吗？就算她不答应，小仙女那个赖皮也会想尽办法留下来的。

小仙女又用那可怜兮兮的眼神看着晓晓，试探着问：“你是肯定不会把我的秘密告诉别人的吧？”

晓晓立刻表示绝对不会，就差发誓了。小仙女狡黠地笑了，就像“阴谋”得逞了似的。

晓晓突然灵光一现，想到一个很重要的问题："小仙女，你会魔法吗？"

"你的想象力真丰富。"小仙女很不雅地翻了个白眼。

"那是因为，你的出现让我以往的认知全都凌乱了。"晓晓很郁闷地说。

这天，晓晓放学回到家，气鼓鼓地，嘴巴撅得老高。“那个可恶的家伙，真讨厌！”

“真讨厌！”小仙女嘴里塞满了食物，口齿不清地附和着。

晓晓看到小仙女的样子，一头黑线。几天相处下来，晓晓发现，小仙女还是个“小吃货”，一见到食物就两眼放光，好像几百年没吃过饭一样。

晓晓问小仙女：“你知道我在说谁吗？”

“不知道，反正不是我。”小仙女回道，那欠扁的表情让晓晓很抓狂。

“哎呀，我在帮你出气嘛！看在食物的份上，有什么苦水就向我倒吧！看我多贴心！”小仙女的语气，让晓晓怎么听怎么觉得她在幸灾乐祸。

晓晓不高兴，后果很严重。她一把扯过小仙女手里的零食，生气地说：“就是你！把我的零食都吃光光了！”晓晓抓起零食就往嘴里塞，好像跟它有仇似的。

晓晓发泄完了，开始控诉她那“讨厌”的同桌。晓晓的同桌是个调皮的男生。当晓晓认真写作业的时候，同桌经常碰到她的胳膊。整洁的作业本上，立刻就会划出一条歪歪扭扭的曲线。为这，晓晓跟同桌吵过好几次。可同桌居然说她小气！

“欺负人！讨厌的家伙，没风度！”晓晓还在生闷气。

小仙女的“毒舌”打击人毫不留情：“生气也解决不了问题呀！”

“我知道！可我就是很生气嘛！”晓晓撅着嘴，“喂，能不能给点建设性的意见啊？看在食物的份上。”

小仙女做认真思考状，好一会儿，试探着说：“要不，你就欺负回来好了。”

晓晓就知道小仙女恶劣的性子，是不会放过任何一个耍她的机会的。“算了，求人不如求己。我自己想办法，不指望你这个‘吃货’了！”

第二天，晓晓一回到家，就兴冲冲地告诉小仙女，事情完美解决了。“我们双方经过谈判，一致决定：在桌子上划一条三八线！签订和平共处、互不侵犯条约！”晓晓得意扬扬。

“三八线？”小仙女有点好奇。

“哼，有了这条三八线，只要他敢越界，那就等着我的‘九阴白骨爪’吧！哈哈！领土主权不容分割！”

小仙女看着像打了鸡血似的晓晓，发扬不懂就问的传统美德：“那如果是你越界了呢？”

“啊？我才不会呢！反正……以后再说！以后再说！嘿嘿！”晓晓也学会耍赖了，真是“近朱者赤，近墨者黑”。

小仙女一副“我懂了”的表情。“哦！原来是不平等条约啊！”

1. 男生是女生的冤家对头！

童年时，女生可以毫无顾忌地和男生一起玩耍，你追我赶，互相打闹，亲密无间。

进入青春期后，女生变得对性别很敏感，忽然和男生疏远起来。女生很少主动和男生说话，并且开始有意地回避男生，和男生划清界线。“我和男生不对盘！”“那些男生真讨人嫌！”……以上就是女生们的心声。

在家里，女生更愿意与妈妈等女性长辈亲近，不再像小时候那样黏着爸爸、爷爷了。爸爸很纳闷：难道我被女儿嫌弃了？

在学校里，女生总是跟女生扎堆儿，形成一个“女儿国”。与男生在一起多说几句话，或者一同到黑板前面做题，女生们都会感到不自然，脸红耳热，有时还会引起班上一阵小骚动，女生相互间窃窃私语，男生则起哄嘲弄。

女生的心思不难猜

在女生11、12岁时，即第二性征出现后的1—2年内，随着身体的发育，性激素的明显增多，女生渐渐有了朦胧的性意识，意识到女生和男生是不一样的。

月经来潮、乳房逐渐隆起、阴部长出阴毛……这些生理上的变化，让女生惊慌失措，甚至感到不安和羞涩，害怕男生注意到自身的变化。

由于对性别差异的敏感，女生对两性关系的神秘感和戒备感也越来越强烈。所以，女生在跟男生接触时，会出现回避、疏远、排斥等心理。一般来说，女生对男生的这种疏远，要持续一年左右。这是女生青春期性心理发展的第一步，称为暂时疏远期或性敏感期。

敏感的小女生

女生对男生的疏远表现在：

1. 忽然对原本两小无猜的男生朋友疏远起来
2. 在学校里，女生与女生一伙
3. 不愿意与男生并排坐，与男生多说几句话，都会感到别扭
4. 见到男生会远远地避开，不敢双目正视男生
5. 很少和男生一起活动，即使在学校组织的集体活动中，女生也和男生保持距离
6. 在家里，更愿意与妈妈亲近

……

如果你具备以上三点特征，那你现在正处于异性疏远期哦！

2. 好像所有人都在盯着我看！

这段时间，晓晓变得很奇怪。每天上学出门，晓晓都裹着宽大的、看不出腰身的外套，走路也刻意地弯着腰，像做贼心虚似的。

晓晓的反常行为，让小仙女想忽视都忽视不了。小仙女“吃”里偷闲，“良心”发现，觉得应该关心一下她的“房东”。

“晓晓同学，最近很神秘哦！坦白从宽，抗拒从严！”

小仙女眯着眼睛，假装“逼供”的样子，让晓晓原本局促不安的心情，一下子平静了下来，可还是不知道怎么开口。在小仙女的软磨硬泡下，晓晓站在小仙女面前，问道：“你觉得我有什么不一样吗？”

小仙女把晓晓从头到脚打量了一遍，就在晓晓要发飙的时候，突然像发现了新大陆一样。

“哇！一段时间没注意，小丫头发育地不错嘛！”

晓晓的脸上“腾”地出现了两片可疑的红晕。

原来，进入青春期后，晓晓的身体像雨后春笋似的发育起来，胸前鼓起了小花苞，腰身变得纤细柔软，臀部也挺翘起来……这些变化让晓晓在欣喜的同时，又有些不安和羞涩……

晓晓扭扭捏捏地说："好难为情哦！走在路上，总感觉别人在盯着我看。尤其是遇到男生，更是浑身不自在。"

小仙女促狭地看着晓晓："所以，你就用肥大的外套把自己裹起来，生怕别人看到你的变化！"

晓晓低着头，表示默认。

"晓晓同学从小女孩蜕变成少女了！你应该为自己的变化感到骄傲，走出去就是一道亮丽的风景线，就像我一样！"

"自恋狂！"晓晓笑骂道。

把自己“锁”起来

由于第一性征的变化和第二性征的出现，女生明显感觉到了自身生理上的变化，同时，羞耻感也由然而生。女生会因为自己日益隆起的乳房而在男生面前感到害羞、无措，并且害怕男生注意自己的变化。

因此，女生会故意疏远男生。即使是童年时代两小无猜的男生朋友，在这一时期，女生也开始不自然地躲避。

由于女生步入青春发育期的时间比男生早，因而羞涩感也更强烈，对男生的疏远也更主动和自觉。在童年末期，女生对男生的疏远表现得最强烈和明显，并持续到少年初期。

这种现象，是性意识萌发后所产生的闭锁性心理状态。

Q　现在，我再也不愿像小时候那样，整天缠着爸爸，让爸爸背着、抱着；也不愿把自己的心里话跟他说了。每次面对他，我都有些不自在，这是为什么呢？

A

女生进入青春期后，由于自身生理的发育，性意识逐渐苏醒，开始对两性关系十分敏感，对性别差异的神秘感和戒备心理也逐步上升。这些使女生本能地对男生产生隔膜，开始疏远男生，甚至有的女生在家里也不由自主地疏远爸爸及其他男性长辈。

不过，这种疏远是暂时的，随着女生对两性生理心理的理解和适应，会逐渐减弱这种疏远感和陌生感，两性间的交往障碍也会逐渐消除。

3. 好女孩？坏女孩？

晓晓双手托着下巴发呆。小仙女在她眼前飞来飞去，晓晓就跟没看见似的。小仙女强大的自尊心受到了前所未有的打击，不乐意了，“喂——，你发什么呆啊？为什么事这么纠结啊？你要是诚心诚意地求我，我就大发慈悲地开导开导你。当然，是看在食物的份上。”

晓晓扭过头来，看着小仙女，严肃地说：“看在食物的份上，别打扰我。我在思考一个严肃的问题。”

“什么问题？”小仙女立刻来了兴趣，“说说嘛，说不定我可以帮到你哦。”

晓晓虽然对她不抱希望，但还是决定说出来，事情憋在心里真的很辛苦。

原来，晓晓的一个很要好的女同学要和一个男生一起参加学校里组织的话剧表演。他们经常一起排练、讨论剧本，接触的时间多了起来。这本来是很正常的同学间的交往，可是，他们却遭到了同学们的非议和嘲讽。那个女同学成了大家眼里轻浮的坏女孩。

“她是我最好的朋友。这段时间，看着同学们的指指点点和异样的目光，看着她愁眉苦脸，我也很难过。是不是不和男生讲话，与男生保持距离，就是好女孩？”晓晓迷茫了，“其实，我觉得她没错。可流言很有杀伤力啊。我真怕她觉得心里委屈，从此怨天尤人，自暴自弃！”

一向没心没肺的小仙女这回也为难了，想了半天，吼出一句：“走自己的路，让别人说去吧！”

与男生交往？简直不可思议！

和男生保持距离！

和男生交往是可耻的！

……

青春期女生生理的发育，使女生的性意识逐渐苏醒，开始本能地疏远男性，对男性产生陌生和畏惧心理。

在保守文化观念的束缚下，女生认为，性意识的出现和对男生的好感都是不纯洁的心理和行为。

她们认为，男女交往是不可思议的，甚至是耻辱的。通常把与性有关的一切都视为肮脏的、下流的，借此掩盖和回避正处于朦胧状态的性意识。

因此，女生重视与女生间的情谊，羞于与男生接触交往。

而且，与男生交往，也常常遭到同龄人的议论或嘲笑。女生与男生谈笑，就会被大家看成轻浮的坏女孩。这样，女生们更不敢和男生接近了。

女生重视与女生间的情谊，羞于与男生接触交往。

4. 假装不在乎，其实很在乎！

周末，晓晓的大伯一家来家里做客。在外地求学的堂哥也来了，高大帅气的堂哥还给晓晓带来了一份精美的小礼物。晓晓心里明明很欣喜，可是在面对堂哥的时候，还是莫名的有些紧张。晓晓低着头接过礼物，说了声“谢谢”，声音小得像蚊子。大家还以为她害羞呢。

晓晓不敢正视堂哥的眼睛，可又时不时地偷瞄他几眼。晓晓心里其实非常希望堂哥把目光投向自己，可当他真的看过来的时候，晓晓又装作一副生人勿近的样子；明明堂哥的每句话，晓晓都认真地在听，可当堂哥跟她讲话的时候，她又一副应付敷衍的表情……

一整天，晓晓都自己跟自己别扭着，都怀疑自己是不是哪根神经搭错了。

直到大伯一家离开，晓晓才如释重负，长长地舒了一口气。回到自己的房间，一脸郁闷。不知伤心难过为何物的小仙女正抱着零食，吃得不亦乐乎。

看到晓晓的那个表情，小仙女在心里翻了无数个白眼。“装模作样！明明愿意和人家亲近，却又装得满不在乎！”

晓晓嘟着嘴说：“我也不想这样，可我就是……哎呀，我是不是病了？”

小仙女煞有介事地说道：“嗯，是病了，还病得不轻。”

晓晓被她的表情唬住了，半信半疑地问：“什么病？”

“心病！你敢说你不是因为害怕流言蜚语，就对所有的男生都唯恐避之不及？”小仙女老神在在地说着。

晓晓一怔，自己真的是这样吗？咦，小仙女什么时候这么犀利了？

当你与男生正常交往，却遭到了周围同学们的嘲笑议论时，你会怎么做？请把你的想法写在下面！

表面一套，心里一套！

面对男生，莫名的紧张；看到男生，摆出一副生人勿近的表情；明明心里愿意和男生亲近，却又装得满不在乎……

处于异性疏远期的女生，对第二性征的出现，常常表现出惊慌失措。与男生正常交往时，会显得拘谨、羞涩、冷漠。

与此同时，女生的内心深处已经产生了接近男生的愿望的萌芽，隐藏着想要与男生交往的动机，也产生了对性知识的好奇心和求知欲。

可是，在保守文化观念的影响下，女生压抑着自己内心的真实愿望，不愿意去面对。另一个重要原因是害怕同学们的嘲弄和讥讽。

这样一来，女生非常惧怕接近男生。尽管她们内心已开始关注男生，目光会不由自主地在男生身上停留，但是表面上她们却表现得对男生不屑一顾，或做出回避的样子。

虽然她们很希望与男生接触，但有时又表现得十分讨厌男女交往……这种矛盾心理，往往使女生们很苦恼。

进入青春期以后，同学们对于男女同学之间的关系看得很微妙，如果有男生和女生走得近，就会有人在背后指手画脚。你是怎样看待这种情况的？男女同学的距离应该远些？还是无所谓？请将你的观点写在下面。

第2章 我是女生，我喜欢我！

1. “拇指姑娘”！

晓晓放学回家后，经常会跟小仙女聊聊学校里的趣事。小仙女好奇地问东问西的模样，让晓晓心里找到了平衡。

每当自己愁眉苦脸的时候，小仙女那天塌了有大个儿顶着的淡定，让晓晓很有挫败感。

在学校里，晓晓和她们班里几个要好的女生，常常一起聊女生的私密话题。比如穿胸衣的心得，例假的时候肚子痛怎么办？还会八卦地讨论哪个女生皮肤白，哪个女生脸上有痘痘……

这天晚上，晓晓又兴高采烈地跟小仙女开"卧谈会"。

晓晓绘声绘色地讲着："我们学校有个女生，她的眼睛总是眯缝着，像没睡醒一样，大家都叫她'睡美人'；还有个女生的皮肤黑黑的，大家给她起外号，叫她'黑玫瑰'……"

小仙女从零食堆儿里抬起头，皱了皱眉，说道：“这样很伤人自尊的。”

“善意的玩笑，没什么大不了的嘛！”晓晓一脸的无所谓。

第二天，晓晓就垮着脸回来了。

“哼！她们居然叫我‘拇指姑娘’！我很矮吗？”

“善意的玩笑嘛！”小仙女明显在幸灾乐祸。

“成天讨论这些有的没的，都不用学习了吗？”晓晓的样子，活像训导主任在训人。

小仙女“扑哧”一声乐了，笑道：“只许州官放火，不许百姓点灯。”

“话说回来，”晓晓调转矛头，盯着小仙女，“你每天吃那么多，怎么都不发胖呢？”

小仙女：“……”

女生的小心思

胸前鼓出了小花苞……但是，女生和男生都有胸部，为什么只有女生胸部会慢慢变大呢？

下面长毛毛了，好丑呀！

……

青春期女生随着生理的发育，心理也逐步发展。性心理的变化，使女生对性产生了强烈的好奇心，急切地想了解与性有关的知识。

她们对成长充满了好奇，非常关注自己以及周围同龄人的发育变化。女生们的心中有很多疑问需要解答，很想知道发生在自己身上的变化是不是正常的。

这时候，女生非常注重自己的外表。走在路上，会下意识地留意同性的高矮胖瘦、形体面貌，然后暗暗跟自己比较。

咦，她的身材真好，凹凸有致！

呀，她的腿好长！

再看看自己……

如果因为自己的相貌和生理缺陷而被别人取笑，甚至被起绰号，你会怎样面对？你觉得外在美和内在美哪个更重要？

Q　班上的好多女生都开始发育了，蜕变成亭亭玉立的少女。而有的女生却发育缓慢，身材矮小，胸部平平，还像个小孩子一样。这是为什么呢？

A

女生一般在12岁左右进入青春期，身体逐渐发育。雌性激素及其他腺素的分泌，使女生慢慢地出现第二特征，比如乳房开始隆起，臀部变得浑圆等，显示出女性的特征。

每一个女生都要经历从女孩成长为少女的过程。但是，由于遗传、营养、环境等因素，有些人发育得早一些，有些人发育得慢一些。这只是时间的问题，在20岁之前都是发育期，所以发育缓慢的女生大可不必烦恼。

2. 做女生，真倒霉！

晓晓的“大姨妈”又每月准时地“造访”了。上体育课的时候，晓晓只好红着脸跟老师说不舒服。老师准她到旁边去休息。可是班里许多男生都用奇怪的眼神看她。晓晓窘了，恨不能找个地洞钻进去。

想起“大姨妈”第一次来的时候，看到内裤里的殷红，晓晓吓坏了，以为自己要死了。当她不知所措时，妈妈告诉她，这是所有的女生都会经历的事情，也宣示着晓晓已经告别童年，成为一名少女，并且拥有了成为女人的资格。

当时，晓晓似懂非懂，心里说不出是什么感觉。就像生活中突然闯进一位不速之客，对它的突然光顾，晓晓很不习惯，也很不安。可隐隐地，又有一些欣喜，这是不是意味着自己长大了？

还记得当时，晓晓问了妈妈一个很幼稚的问题：“男生也一样吗？”

妈妈笑了，说：“男生和女生是不一样的。”

“哪里不一样？”晓晓像个好奇宝宝一样。

“你长大以后自然就知道了。”妈妈神秘地一笑。

……

晓晓一边用手揉着有些胀痛的小腹，一边恨恨地想：为什么女生这么倒霉？“大姨妈”怎么不去光顾男生？

为什么我是女生?

天哪，下面流血了……

啊，肚子好痛!

女生真倒霉!

……

女生进入青春期以后，如月经来潮等一系列生理的变化，唤醒了女生的自我意识，她们逐渐意识到自己不同于男生，在心里萌动着一些新奇却又矛盾的感受。

初潮以后，会慢慢形成规律，大约每月都来一次，因此叫“月经”。然而，月经的突然造访，有时却会令女生措手不及，打乱了原本的生活秩序，甚至遭遇尴尬。上体育课的时候，不能随心所欲地跑跑跳跳；量多的时候，要小心翼翼以免弄脏衣服……

甚至，有的女生还会因此出现腹胀、腹痛、腰酸、乏力等不适感。再加上紧张的课业带来的学习压力，使女生抵抗力和适应力都会有不同程度的减退。

这所有的一切，都让女生们很烦恼。有的女生甚至会产生自我厌恶感，发出“真是投错了胎！”“做女人真倒霉！”“为什么我是女生？”等抱怨的声音。

女生的“自我厌恶”一般出现在青春初期，大多数女生持续的时间不长。在月经规律、心理逐渐成熟以后，会得到平复。

但也有一些女生的这种心理感受会一直潜伏下来，不自觉地转化为一种观念性的认识，以至于影响她今后的生活道路和生活方式。

 每个月都是一次新生！

其实，月经与女性的身心健康、生活质量密切相关。由于卵巢分泌的性激素作用，使女性的子宫内膜发生周期性变化，子宫每个月都要打扫子宫壁的卫生。柔软、厚实的子宫壁开始脱落，子宫口微微张开，脱落的粘膜伴着少量血液和一些分泌物经过阴道，从女性身体里排了出来。

这并不是通常意义上的出血，而是排出体内新陈代谢的“废品”，身体里的“亏损”不久就会得到补充。因此，可以说女性每月都经历了一次新生。

只有月经正常的女性，才能拥有成为母亲的资格。女性出生的时候，体内就有数十万个卵泡，叫做“卵子”。

卵子最开始是静静堆积在卵巢里面的。它们会在卵巢里面待着不出来，在女孩们的青春期之前也不会生长，一直以原始卵泡的状态生活在卵巢里面。但是，随着青春期的开始，女性荷尔蒙开始对卵子进行培育，一个月一次。这样，女性就有机会孕育宝宝了。

同时，因为每月造访的月经，女性的皮肤也会变得细腻而有光泽。周期性的月经，正好消耗掉了过量的铁，防止女性身体内积聚过多的铁，从而引起铁元素失调。

另外，每月的月经，让女性比男性更能经得起意外失血的打击，能够较快地制造出新的血液以补足所流失的血液。雌激素对心血管还有保护作用！

女性由于有月经的保护，抵抗疾病的能力更强，所以女性的平均寿命也比男性长。

做干爽女生！

月经是身体发育的必然，是进入青春期的标志。外阴部在月经期间更容易感染细菌，女生在月经期间，一定要保持外阴的清洁！

- 使用优质卫生巾，避免使用劣质卫生巾。劣质卫生巾很容易导致外阴细菌感染。另外，还要勤换卫生巾，保持外阴部干爽，最好一两个小时就换一次。

- 每天用温水清洗外阴部。水不要过冷或过热，养成每天清洁外阴的好习惯。

- 不要用沐浴液清洁阴部。女生月经期间阴道偏碱性，对细菌的抵抗力降低。用沐浴液来清洗阴部会导致碱性增加，引发阴部感染，导致阴部瘙痒。因此，最好选择专用的阴部清洗液。

做好以上几点，女生就能保持外阴干干爽爽、健健康康了！

女生就是事儿多！

月经期间，女生的身体会相对虚弱，要养成良好的生活习惯，保持身体健康和心情愉快，可以减轻经期的不适。

不要参加剧烈的体育运动。在月经期间，跳高、赛跑等剧烈的运动会诱发或加重身体的不适，甚至引起痛经和月经失调。但是，慢跑、打乒乓球等强度小的运动，可以促进血液循环，减轻小腹坠胀和腹痛，缓解经期紧张、烦躁等不适感。

注意休息，保证充足睡眠。食用营养丰富、易于消化吸收的食物，不吃辛辣、生冷等刺激性食物。刺激性食物会影响经血的排出，引起痛经。

避免接触冷水，注意保暖。最好不要游泳，以免细菌进入阴道引发感染。

不要穿紧身衣裤。紧身裤会影响女生臀部、阴部的血液循环，造成阴部充血水肿。

3. “性”事知多少？

今天的生理卫生课上，老师交代，这节课大家看书自学。晓晓和其他同学一样，偷偷地把那几页关于男生和女生不同发育特点的内容看了几遍。看完之后，大家都脸红红的，也不敢提出疑问。

下课后，晓晓内心始终不能平静，脑海中有许多的疑惑，想知道更多……不经意地想起书上的内容，脸上又开始发烫。

回到家，晓晓一直心不在焉。怎么办呢？问妈妈？

想到小时候，问妈妈自己是怎么来到这个世界上的，妈妈开玩笑说是树上结的、石头缝里蹦出来的。晓晓现在想想就觉得好笑。

问老师？还是算了吧，难以启齿。跟同学讨论讨论？她们又知道多少呢？小仙女看晓晓一会儿皱眉，一会儿摇头的样子，忍不住好奇心又泛滥了。

晓晓看向小仙女："你知道我是怎么来到这个世界上的吗？你知道是什么决定了我是女生吗？你知道……"一连串的疑问，打击得小仙女蔫头耷脑的。晓晓并不指望小仙女那个"吃货"能给她答疑解惑，但是能打击她一下，还是很有成就感的。

小仙女想了想，说："不懂就问嘛！你可以去问妈妈啊？"

晓晓一边摇头，一边说："要是妈妈不肯说，还觉得我没羞耻心，怎么办？"

"这样啊……"小仙女忽然有主意了，"那可以去查一查相关的书籍啊。再说，不是还可以上网搜搜看嘛！"

晓晓立刻来了精神。"对啊！"转而又一副严刑逼供的架势，"说！怎么突然这么热心啊？"

小仙女打死不承认她其实也很好奇的。

"我完全是为了你好！真的！真的！"

……

谈“性”色变

进入青春期后，男生与女生的身体开始发生变化。男生会长出胡须，睾丸、阴囊及阴茎开始慢慢发育，会有性冲动……女生胸部开始发育，身体的脂肪会变多，会出现月经初潮……

这些变化，让男生女生们迷惑惶恐。他们迫切地想知道更多的关于“性”方面的知识。

目前，学校对学生的性教育还不够重视。教科书中涉及的也仅仅是性生殖器官的介绍、不同的生长周期发育特点等简单知识。有些授课老师在上生理卫生课时直接跳过了“性知识”章节，性教育的内容和方法也比较陈旧。

“这种问题，怎么好跟孩子谈论呢？”“小孩子问这些做什么！”“该知道的总会知道的。”……多数家长对“性”这一话题，要么难以启齿，选择躲闪逃避；要么视如洪水猛兽，禁止孩子了解性方面的知识；要么干脆不闻不问，对孩子放任自流……

学校敏感，家庭回避，男生女生们获取性知识的渠道不够通畅。

然而，人都是有好奇心的。当某一事物越是被禁止，就越容易引起人们的好奇心和求知欲，尤其是在只做出禁止而又不加任何解释的情况下。这样一来，“性”的问题更容易让处于青春期的男生女生们产生浓厚的好奇心和神秘感。

被动接受的“性”

当正处于青春期的女生们无法从家长、老师那里了解到正确的性知识和性观念时，好奇心和求知欲支使着她们从社会上其他各种可能的途径寻找答案，比如报纸杂志、电视广播、网络等。

1 影视剧的侵蚀

很多影视剧为了追求票房和收视率，不可避免地出现大尺度镜头。这些镜头会让正处于青春萌动的女生们心潮澎湃。

2 网络的无孔不入

网络功能强大，女生们可以在网络上搜索到无数与“性”相关的文字、图片、视频等资料，还有不时弹出来的广告和链接，“性”时刻围绕在女生身边。

3 黄色传媒的荼毒

青少年可以通过专业的书籍学习到系统、科学的性知识。可是市场上仍然存在着书刊、录像等充满色情和暴力的黄色传媒，毒害人的心灵，使人堕落。

精神鸦片

青春期的女生，性意识逐渐觉醒，对性知识充满了好奇心和求知欲。但她们对性问题的辨别和认识能力却不够，道德观念和法制观念淡薄，自控能力差。

文化市场存在着大量的反映暴力、淫秽内容的书刊、录像、电影等。青春期的女生在缺乏正确引导下，很容易把其中的暴力、淫秽角色作为榜样来学习。各种宣传色情、淫秽、暴力的声像制品，追求视觉和听觉刺激，特别强调性器官或是一些极端的性行为，而且会让人看上瘾，继而想要寻找更加刺激的内容。

青春萌动的女生很容易沉迷其中，她们很难区分哪些是正常的，哪些是不正常的。长此以往，会使女生们原本自然、健康的性走向畸变，从而影响她们对男生的看法、处理两性关系的态度，以及恋爱观的形成，给身心健康带来严重的不良影响。这些黄色文化制品像毒品一样，摧残着她们的精神和心理，并引发一系列社会问题。

Q

“长大以后，你就知道了。”当孩子问起与性有关的问题时，家长常常拿这句话来敷衍应付。青春期的女生，应不应该了解性知识呢？

A

青春期女生懂得人体的一般生理知识，了解“性”，可以使她们解除生理上和心理上的困惑，从而使身心健康成长。

如果她们不能通过合法、正当与科学的途径获得自己所需要的性知识，就会迷茫无措，因性知识的隐秘而引发神秘感，就有可能因为好奇，进而去探索和尝试，从而误入歧途。

要使女生们走出禁忌、蒙昧、扭曲的困扰，理性客观公正地看待性问题，最有效的方法就是破除性的神秘，普及性知识。

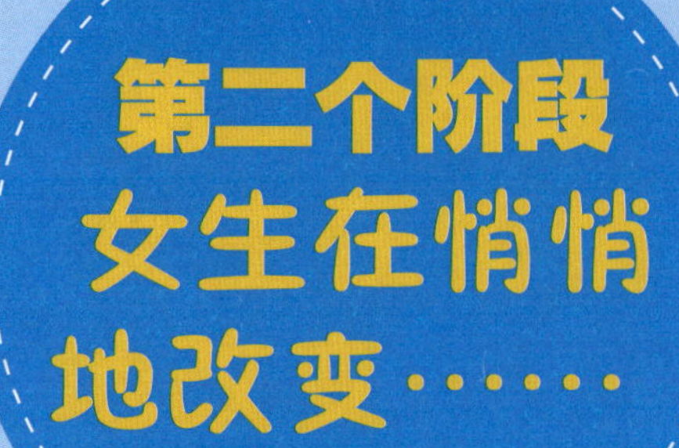

上了初中以后，女生开始有意地关注周围的男生，也很愿意和男生接触交谈。有时在路上看到认识的男生，也会迎上去，主动打招呼。

在集体活动中，只要有男生在场，就觉得特别开心。和男生一起做事时，总会尽自己最大努力做到最好，希望得到他们赞赏的眼神。

第1章 我就是人气女王！

1.那些男生似乎也没那么讨厌……

在上小学时，晓晓看到男生就厌烦，觉得他们调皮淘气讨人嫌；上了初中以后，晓晓的想法不知不觉地就变了。晓晓开始有意地关注周围的男生，也很愿意和男生接触交谈。有时在路上看到认识的男生，也会迎上去，主动打招呼。

在集体活动中，只要有男生在场，晓晓就觉得特别开心。和男生一起做事时，晓晓总会尽自己最大努力做到最好，希望引起男生的注意，得到他们的认可。

开朗活泼的晓晓有几个很要好的男生朋友。上课时，老师让他们发言，晓晓会十分用心地倾听，为他们的精彩回答而欢欣鼓舞，也会因他们的窘迫和失误感到焦急和不自在。

这天，晓晓被一道数学题难住了，苦思冥想了半天，还是不知从何处入手。晓晓决定拨打求助电话。她想都没想地拨了一个男生的电话号码。她自己都没发现，跟那个男生讨论问题的时候，她的眼睛有多亮，笑容有多明媚，声音有多轻柔……

被忽略在一边好久了的小仙女一脸贼兮兮地凑过来。“谁呀？聊得这么开心！”

“一个朋友，我们在讨论一个很严肃的‘学术’问题。”晓晓一本正经地回答。

“你以前不是和男生老死不相往来吗？现在变了？开始发展‘双边友好关系’了？”小仙女眼睛一眨不眨地看着晓晓。晓晓被她盯得发毛，小声说：“因为我发现，那些男生似乎……也没那么讨厌……”

对面的男生看过来！

随着对生理发育和性的逐步了解，女生对性征发育的陌生与恐惧感也逐渐消失。一般在12～15岁，女生的性心理发展进入到异性相互吸引的重要阶段。

在这一阶段，女生们不仅意识到自己身心的变化，而且非常敏感地开始留意男生的变化。她们变得愿意接近男生，对男生产生了一种神秘的新奇感。

女生开始不断地关注男生，对他们的外貌、性格、品行等做出自己的评价和比较。“哇，那个男生投篮的动作好帅！”“呵，隔壁班有个男生说话特别风趣。”……

同时，女生们也开始关心自己在男生心目中的形象。“在男生们的眼中，我是什么样的呢？”“他们喜不喜欢我呢？”另外，对男生的内在关心，也逐渐变成外化的行动，譬如用微笑、眼神、话语等方式，表示对男生的亲近。

但是，这一阶段的女生毕竟还不懂得应当怎样与男生相处，接触和交往男生时，多半没有专一性和排他性。

跟你说，那个男生……

处于豆蔻年华的女生，会被男生吸引。她们开始关心男生，关注男生。交往和接触的人群，也不再局限于同性。

女生们愿意接近异性，表现在：

1. 专注于某一个男生或某一群男生
2. 关注男生的样貌举止
3. 常凑在一起，谈论自己关注的男生，互相交换对男生们的看法
4. 更愿意与男性长辈亲近
5. 喜欢有男生参加的郊游、聚会和各种社会活动
6. 在男生面前往往显得过于紧张、兴奋，有时表现得笨拙、失态
7. 乐于帮助男生解题、出主意
8. 借故向男生借东西，制造和男生接触的机会

……

2. 美丽无罪！

“晓晓，快吃饭，上学要迟到了！”热腾腾的早餐眼看就要凉了，晓晓还在整理她的宝贝头发，妈妈急得一遍又一遍地催。

“知道啦！”嘴上敷衍着，手上的动作一直没停下。

“晓晓，能动作快点吗！”妈妈已经在发火的边缘了。

“好了，好了！”晓晓一脸不耐烦。

看时间差不多了，背上书包，拿块面包就急匆匆地走了。妈妈看着直叹气。

“别只顾着穿什么衣服，梳什么发型，连早餐都不吃了！”这话，妈妈几乎每天都要念叨几遍。可晓晓一门心思扑在穿衣打扮上，对妈妈的话是左耳进右耳出。

晓晓自顾自地梳好头发，在镜子前左顾右盼。

上初中以后，晓晓特别在意自己的外表，每天都花很多时间在穿衣打扮上。上课经常偷偷照镜子，还时常模仿时尚杂志上的服饰搭配。虽然在学校里学生只能穿统一的校服，但是晓晓总能让自己穿的鞋子、袜子甚至书包挂件都与众不同，以此来显示自己的个性与特别。这样一来，晓晓越来越没心思学习，有时连作业也来不及完成。因此，晓晓的学习成绩一落千丈。老师找她谈话，妈妈跟她唠叨……

晓晓烦不胜烦。“哪个女生不爱漂亮？难道要我穿得像乞丐一样啊？”

小仙女悠悠来了一句：“爱漂亮不是错，错的是为了漂亮，忽略了学习。晓晓同学，不要忘了你还是一名学生哟！”

“小仙女居然也学会讲大道理了！”晓晓好笑地看着她。

“那是！你妈妈几乎每天都要念几遍，想不记住都难！”小仙女看晓晓垮着一张脸，得意极了，好久没看到她这个表情了！

爱美之心，人皆有之！

十三四岁的女生往往很在乎自己的身姿容貌美不美，她们常常是镜子、梳子不离身。同时，她们也开始对化妆品和衣着服饰表现出浓厚的兴趣。她们对电影或电视上出现的新发型、新服饰、新打扮也特别敏感。总之，女生们非常关切自己的外表，并千方百计地想让自己变得更美。

青春期的女生开始对男生产生好奇与好感，于是她们更加注意自己的仪表，甚至刻意地装扮修饰自己。

另外，青春期的女生也渴望自己像明星一样耀眼，因此，追赶时尚潮流，效仿明星的装扮举止。有些女生甚至会别出心裁，把自己打扮得很另类，举止很夸张：穿着奇装异服，如紧身衣、低腰裤等；画着浓妆，染着五颜六色的头发，打上四五个耳洞……

美少女修炼宝典！

有些女生为了拥有好身材，盲目地减肥；也有一些女生为了漂亮，在寒冷的冬季宁愿冻得瑟瑟发抖，也不穿保暖的衣服……爱美是人类的天性，但是，青春期的女生过于爱美，容易影响身体发育和健康。

其实，小女生本身就散发着一种自然青春的美，没有必要过于修饰，过多地使用化妆品还容易损害皮肤。

美并不只是体现在漂亮的脸蛋、苗条的身材上，也不能用高矮胖瘦来衡量。精神气质与文化素养给人带来的美感，才是最有魅力的。个性之美、自然之美、心灵之美等更需要女生们去关注。

没有气质和内涵，被化妆品修饰出来的美，是空洞的美，是经不起时间摧残的美。

女生们，加油喽！学会调整爱美的心态，以学业为主，努力把自己炼成内外兼修的美少女，保持青春的活力和光彩！

Q

青春期的女生，像含苞待放的花骨朵，青春洋溢。但是，也有一些女生因为自己的长相一般而自卑。走路总是低着头，害怕别人注意自己。有时还会抱怨：为什么我长得不漂亮？

A

青春期的女生，对自己的外貌形象很关注，常常会觉得自己不够漂亮，身材不好，因而变得自卑、胆怯、敏感、多疑，阻碍了正常的学习和交往。

可是，每个人的相貌都是父母给的，是独一无二的。外在的美虽然让人赏心悦目，可一味地追求外在美，忽略了内在修养，也只不过是一个好看的花瓶而已。认可自己的容貌，提升自己的内在气质和修养，自信、自强的人，一样可以耀眼夺目。

3. 我的偶像，我崇拜！

上了初中以后，晓晓对曾经爱不释手的童话故事书不屑一顾，对曾经喜欢的不得了的动画片也嗤之以鼻。每当小仙女看动画片笑得没心没肺时，晓晓都不以为然地嗤一声“幼稚”。

现在的晓晓，迷上了青春校园小说、校园漫画，沉浸在美少男、美少女云集的韩剧和偶像剧当中。同学们扎堆儿谈论明星八卦时，晓晓也会积极地凑过去，兴高采烈地加入。

晓晓超级喜欢一个美少男偶像组合，对他们的八卦新闻如数家珍，对他们的身高、体重、生日、爱好也都了如指掌，房间里贴满了他们的海报，只要有他们参演的影视剧，晓晓就一定捧场，谁要是说一句他们的坏话，晓晓就面红耳赤地跟人争辩……

编织一个个美丽的梦境！

随着女生性意识的发展，她们对男生的情感也日益丰富。在与男生的接触中，她们常常会对男生产生懵懂的好感，并逐渐形成自己的欣赏标准，产生朦胧、浪漫、不切实际的期望与幻想。

女生们对男生的这种好感常常是非常广泛的，一般不会将情感长期集中在一个特定的对象身上。

理想中的人往往存在于幻想中，而与幻想最接近的就是社会推出的公众人物，尤其是年轻、帅气的偶像明星们。女生们往往把对男性的幻想转移到明星身上，编织一个个美丽的梦境，产生无限遐想，满足自己的心理需求。

过分地迷恋是伤害

“呀，××好帅啊？”

“哇，××笑起来好迷人哪！”

……

青春期的女生崇拜明星是很普遍的现象。很多女生崇拜明星，将明星无限地美化，对他们的崇拜也无限地放大。

然而，她们常常只是看到了明星外在炫目的光环，动人的歌喉、高超的演技、帅气的外表……

可是，她们却常常忽略了明星们背后付出的艰辛和努力，看不到明星们身上的缺点和不足。

青春懵懂的女生心中有男性偶像无可厚非。但是，盲目地追星，一味活在对偶像的幻想中，就会失去自己的生活重心，就会迷失人生的方向，甚至会伤害自己及家人。

对于明星，可以崇拜，可以当成学习的标杆，但绝不能过度迷恋。

如果不能恰当地处理这种崇拜心理，女生们就很容易走向极端，因为崇拜明星而导致倾家荡产甚至自杀的事件屡屡发生。

因此，女生们追星要适可而止，一定要保持理性。

明星也有不足和缺陷，明星为了事业成功也付出了艰辛的努力。如果女生们能够明白这一点，并将明星为事业而努力奋斗拼搏的精神品质作为榜样来学习，不断提高自己，激励自己奋进，那么追星也不是一件坏事。

若是能够处理好这种崇拜，会对女生们的成长大有益处。

不因为崇拜明星而影响自己正常的学习和生活，并且将这种崇拜化为一种奋发向上的力量，这样的追星才是理智的、有意义的。

第2章 交友，人生的必修课！

1. 异性缘？同性缘？

晓晓有很多男生朋友，晓晓很欣赏他们的开朗、直爽，他们没有女生那么喜欢撒娇、爱较真。说话直来直去、大大咧咧的晓晓，和男生们相处在一起很自在，她经常和男生打成一片。

可是，晓晓也发现，原本和她“焦不离孟，孟不离焦”的女生们，不再像以前那样跟她亲密无间了。有些女生还用异样和不屑的眼光看她，甚至在背后议论诋毁她。

晓晓怎么也没有想到，和男生玩在一起，竟然给她带来这样的麻烦，引起这么多的非议!老师找她“谈心”，“谆谆教导”她不要误入歧途；爸爸妈妈软硬兼施“教育”她，说女生要自尊自爱……

面对他们的“轮番轰炸”，晓晓莫名其妙。

“我做什么了？”

“谁让你有异性没同性。”小仙女嘴巴里塞满了薯片，含糊不清地说道。

“哪有！我只是觉得和男生比较聊得来而已。”晓晓反驳。

“所以，你的眼里只有男生。我都嫉妒了！”小仙女终于等到机会了，召开“批斗大会”，控诉晓晓对她的忽视。

晓晓怔住了……

好感是这样产生的……

青春期的女生开始明显地感觉出对男生的好感，愿意与男生在一起。

对男生产生好奇，喜欢接近男生，是进入青春期的女生的正常表现，是性意识发展到一定阶段必然产生的心理。

进入青春期后，女生们体内的性激素含量激增，产生了接近男生的需要和愿望。

可是，很多女生会产生疑问：可以和男生交往吗？大家会不会说我轻浮、没有羞耻心？……

女生们，注意喽！我们女生产生和男生交往的需要和愿望，不是错误的、不健康的，反而是正常的、健康的心理表现，就像吃饭、睡觉一样普通、自然。

这不是轻浮、不自重的表现，女生们完全不必害怕、恐慌，甚至产生罪恶感。

被女生们孤立了！

女生愿意接近男生是性生理和性心理走向成熟的必然结果，是一种正常的自然表现。

然而，有些女生虽然内心深处也渴望和男生接触，但是由于受到传统观念的束缚，有所顾虑，迟迟不敢付出行动。看到其他大胆的女生和男生朋友说说笑笑，她们就会产生羡慕和嫉妒的心理，本能地排斥那些女生。

当一个女生异性缘很好，很受男生欢迎而同性缘又很差时，就很容易遭到其他女生共同的嫉妒和排斥。

中学时代，异性同学关系是一个很敏感的话题。如果男女同学之间的交往处理不当，会影响和妨碍他们的身心健康，带来情绪和行为上的困扰。

有异性没同性！

同性缘与异性缘的好坏主要是由性格决定的，内向的人不太擅长与异性相处交流，而外向的人更能博得异性的好感。因此，有的人同性缘好，有的人异性缘好。

不同的爱好，也是造成同性缘与异性缘好坏的原因之一，比如有的女生喜欢篮球运动，因此接触的男生就会比较多，异性缘也会比较好。

女生们交朋友时，不必太在意同性与异性之间的差别，合得来即可。也没必要为了交到更多的朋友，而改变自己的个性。

但是，女生们也不能因为各自的喜好，就只和同性交往或只和异性交往。因为，只和同性交往或只和异性交往，都是不正常的人际交往，会造成人际交往障碍，不利于健全人格的形成。

同性缘与异性缘的好坏主要是由性格决定的。不同的爱好，也是造成同性缘与异性缘好坏的原因之一。

Q 有人认为，与男生交往是少数“坏女孩”的行为，“好女孩”不应该效仿。因此，有的女生只好采取“地下活动”的方式与男生交往，不敢让老师和家长发现。“好女孩”不可以与男生交往吗？

A

与异性交往是青春期女生心理发展的正常需要。但是，人们对异性交往的偏见，使女生们压抑自己的内心需求，这对她们正常的异性交往是很不利的。

异性同学之间的正常交往，有利于女生个性的全面发展。一般既有同性朋友又有异性朋友的女生，往往性格比较开朗，为人诚恳热情，自制力也比较强；而那些只在同性同学中交朋友的女生，往往缺乏健全的情感体验，不具备与异性沟通的社交能力，社交范围和生活圈子也比较狭小，人格发展也会不甚完善。

2. 对他有好感……

14岁，是一个爱幻想、爱做梦的年龄。一个帅气的男生与晓晓擦肩而过，晓晓会幻想着他们再次相遇的情景；有个男生在雨天把伞借给了晓晓，晓晓就觉得他人很好，想着下次见面一定主动跟他打招呼……

一天，晓晓在自习课上看青春校园小说。为了防止老师发现，晓晓便把书本盖在小说上面做掩护，还时不时地用眼角余光“巡视”周边环境。偶然间，与同排的一个男生的视线撞到一起，两人会心一笑。

这一视一笑，在晓晓心中激起了一阵小小的涟漪。从那以后，他俩常在一起谈天说地、讨论问题、嬉戏打闹……

这一切自然逃不过同学们那一双双“雪亮”的眼睛。很快，就有人在背后议论纷纷，说他们俩早恋……

不久，这话就传到了老师和家长的耳朵里。紧接着老师紧急“召见”，责令他们写检讨；爸爸妈妈申斥劝诫，要他们不再往来；同学对他们更是指指点点……一时之间，他们变成了坏学生的典型。

晓晓把自己关在房间里，谁也不理。小仙女敏锐地感觉到了空中的低气压，可是也不知道怎样安慰晓晓，只好乖乖呆在一边，降低自己的存在感。

晓晓觉得胸中有一口气，不吐不快。“我跟他真的只是普通朋友，为什么没有人相信呢？”

“那你干嘛总跟他在一起？”小仙女声音低低地问道。

“我们有很多相同的爱好，在一起很开心。算了，别人愿意怎么看就怎么看好了。”晓晓很是气愤。

令人心动的不一定就是爱情！

对男生产生亲近、向往、眷恋等心理，是青春初期女生心理开始躁动的一种具体表现。她们与男生的交往，很多都是出自本能的需要，并不是人们所特指的“恋爱”。

青春期的女生很容易对男生产生朦胧、神秘的爱慕之情，这是既美好纯洁又幼稚的情感体验，也是不深刻、不稳定的。往往在时过境迁或冷静下来之后，女生们会发现：令人心动的不一定就是爱情！那时所谓的“爱情”，只不过是好奇心、钦佩感而已。

青春期，男生女生之间的交往绝大多数都不是“恋爱”。

而人们却往往把这种躁动心理误认为是“早恋”，一旦察觉，便采取措施，横加干涉。结果适得其反，对她们造成心理伤害，引起叛逆心理，把“疑似恋爱”变成了真。

与男生交往是长大以后的事？

有人认为，青春期女生还是学生，主要任务是读书学习，与男生交往是长大以后的事。这种说法显然是错误的。学生的主要任务是成长，而不是读书。学会与人交往，也是青春期女生成长过程中不可缺少的一门功课。这门功课虽然不在升学考试科目之列，却是她们一生的必修课。

因此，与男生交往并不是“长大以后的事”。相反，如果等到女生离开学校走上社会以后，才开始学习与男性交往，就很可能因为缺乏锻炼而造成人际交往障碍。

家长或老师对异性同学交往的过敏反应，常常使女生承受巨大的精神压力，导致精力分散，影响学业。与异性同学交往愉快的女生，往往情绪饱满、精力充沛，学习和工作的效率都很高。因此，与男生交往本身并不会对他们造成负面影响，相反还可能起到积极作用。

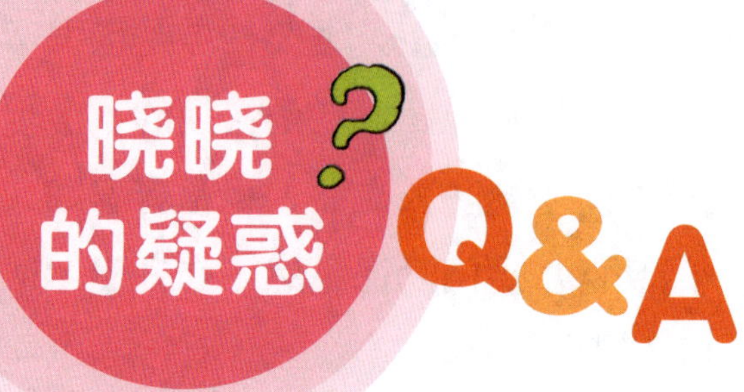

Q 有些女生很害羞，不敢和男生交往。一与男生说话就面红耳赤、呼吸加快。怎样克服害羞心理呢？

A

很多女生见到男生会不同程度地表现出脸红、害羞，这是正常的生理和心理反应。

女生与男生交往不要有过重的心理负担，要摆正心态，增强自信。多参加有男生参与的集体活动，不仅能够消除对男生的神秘感，还能更好地了解男生，增加与男生交往的经验，提高与男生交往的技能。女生要不断扩大交际圈，多学习掌握与男生交往的方法和技巧。这样，就会逐渐减轻与男生交往时的害羞心理。

3. 异性效应

男生与女生之间的良好交往，有助于消除异性间的神秘感和紧张情绪，增进男生与女生的团结和友谊，促进青少年身心健康发展。

进入青春期的女生，性生理上的急剧变化引起了心理上的一系列微妙而复杂的反应。在同男生的交往过程中所产生的愉悦的情绪体验是一种良好的、积极的情绪体验。它对女生的身体健康和心理活动会产生很大的影响，可以激发女生们的潜能，使她们奋发向上，这就是“异性效应”！

“异性效应”的表现是，在有两性共同参加的活动中，女生一般会比在只有同性参加的活动中，表现得更起劲、更出色，也会感到更愉快。这是因为，异性间的心理接近需要得到了满足，因而会使女生获得不同程度的愉悦感，并激发起内在的积极性和创造力。因此，异性交往，益处多多！

智力上取长补短

男生和女生在智力上虽然没有高下之分，但其思维方式却有所不同。

男生的思维往往偏向于理性，大多比较喜欢数学、物理、化学等学科；女生的思维则比较偏向于感性，大多喜欢语文、外语、地理、生物等学科。男生在掌握知识的基本功上可能稍逊一筹，但在解题的灵活性上却略占上风；女生在作文的叙述描写、运用词汇等方面可能略占上风，但在立意的新奇和结构的不拘一格上却稍逊一筹。

通过交往，男生和女生可以从对方那里取长补短，从而提高自己的智力水平和学习效率。

情感上互相交流

人际间的情感是非常丰富的，除了爱情之外，还有亲情、友情、敬爱之情、感激之情等。男女之间可以有不带爱情色彩的情感交流，它可以使人感到温暖，达到心理上的平衡。

一般来说，女生的情感比较细腻温和，富有同情心；男生的情感粗犷热烈，且比较外露。男生向女生吐露自己的不幸和难堪，可以在同情声中平静下来；女生向男生诉说自己的犹豫和愁苦，可以在鼓励声中振奋起来……

这种异性间的情感交流是微妙的，也是在同性朋友身上所得不到的。

个性上互相丰富

处在集体中的个人，交往的范围越广泛，和周围生活的联系越多样，深入到社会关系的各方面也就越深刻，精神世界也就越丰富，个性发展也就越全面。

交往范围广泛，有许多同性朋友和异性朋友的人，性格相对来说比较豁达开朗，情感体验比较丰富，意志也比较坚强。正是多方面的交往对象的个性渗透和反馈，才丰富了他们的个性。

反之，只在同性圈子里交往，人的心理发展往往是狭隘的。因为，尽管同性朋友个性之间也存在差异，但这种差异远不如异性间个体差异明显。

增进心理健康

女生与男生交往，可以满足心理需求，达到心理平衡；反之，缺乏与男生的交往，或长时间不敢与男生接触，容易造成自己在男生面前怀有自卑感，产生胆怯、不满等心理，发生性心理扭曲。

所以，青春期的女生们不要因为别人乐于在男生面前表现自己，就认为对方轻浮、品质有问题，也不要因为自己时常关注男生、想了解男生，就感到内心不安。

女生与男生加强交往，增进了解，可以淡化女生对男生的好奇心，掌握友谊与爱情的区别，从而更稳妥地把握自己的情感。

4.交往有尺有度

进入青春期后，青少年的生理和心理都发生了较大的变化。女生渴望与男生交往，这不仅可以满足她们特有的心理需求，还可以使她们在交往中更多地了解男生。

女生和男生之间的交往与同性之间的交往有所不同，所以，女生在与男生交往中应该注意分寸，掌握尺度。适当把握异性之间交往的“度”，才能使异性交往健康顺畅地进行。

女生要学会自尊自重自爱，言谈举止要文雅庄重。搔首弄姿、与男生勾肩搭背等过分的举动，不仅会显得轻佻，引起对方反感，而且会造成不必要的误会。

掌握分寸

不必过分拘谨。女生应该自然地、落落大方地与男生交往。友谊本来就是感情的自然发展，不应有任何矫揉造作和忸怩作态，那样反而会贻笑大方，使人生厌。

也不应过分随便。女生与男生间交往，不应过分拘谨，但也不可过分随便。女生应力求避免与男生出现嬉笑打闹、你推我拉等行为。毕竟男女有别，有些话题只能在同性之间交谈，有些玩笑不宜在异性面前乱开。

不宜过分冷淡。女生与男生交往时，保持冷静与理智，善于把握自己的感情是应该的。但是，过分的冷淡会让人觉得高傲无礼、不好相处，甚至会伤害对方的自尊心。

也不可过分卖弄。在与男生的交往中，如果女生故意卖弄炫耀自己，或者说话时咄咄逼人，会使人非常反感。当然，总是缄默不语，过分沉闷，也会让人敬而远之。

女生应该自然地、落落大方地与男生交往。

女生与男生由于兴趣爱好或学习、工作上联系接触稍微多一点，就会立刻被人传出各种闲言碎语。有人认为，男女之间没有纯粹的友谊。你认为，中学时代，男生女生之间有单纯的友谊吗？请把你的想法写在下面。

写下我最擅长做的事情。

Q 有些女生会刻意地在男生面前表现自己，甚至有些轻狂，说话做事拿腔拿调，制造机会接近男生。这样好么？

A

女生进入异性相吸的性心理发展阶段，产生了接近男生的心理愿望。为了赢得男生的注意和喜欢，女生变得张扬、爱表现。和男生在一起时，有的故意发出尖细的嗲声，有的和男生互相推搡打闹……这其实也暴露出了她们内心深处的不自信，为了吸引男生而忘记了自我。女生们没必要太刻意，要相信自己的魅力，做最真实的自己！

第三个阶段 像花儿一样，含苞待放……

他的身影总是时不时地出现在我的脑海中；徘徊在他路过的地方，希望和他“偶遇”。

走过他们班级门口时，眼睛会不由自主地寻找他的身影。

他打篮球的时候，即使远远地看着，也会觉得很幸福很甜蜜……

第1章
烂漫花季

1. 隔壁班的那个男生……

有一次，晓晓到隔壁班去借书，一个有着一双明亮大眼睛的男同学正善意地冲着她微笑。晓晓顿时脸红了，连忙跑开。

从那以后，他的身影总是时不时地出现在晓晓的脑海中。晓晓经常徘徊在他路过的地方，希望和他“偶遇”；晓晓走过他们班级门口时，眼睛会不由自主地寻找他的身影；他打篮球的时候，晓晓即使远远地看着，也会觉得很幸福很甜蜜……

晓晓会默默在课本的某一页用铅笔写着他的名字；给手机设置的密码是他的生日；看星座杂志，总是会不经意地看看他的星座……

“每次看到他，我就会心跳加速，人群里我一眼就能找到他。”晓晓对着小仙女诉说，“我很想让他注意到我，可是我又怕……”

“怕什么？”小仙女一边继续跟零食奋力作战，一边漫不经心地问道。

“怕……喂，你到底有没有认真在听啊？我真是败给你了！”晓晓看着小仙女那万年不变的“吃货”样，真心无语了，原本想要找个人倾诉的心情也被破坏掉了。

“我一直在认真听啊。”小仙女睁着无辜的大眼睛，“你喜欢他，为什么不告诉他？扭扭捏捏不是你的性格。”

“我……”晓晓的表情很纠结，“要是他不喜欢我怎么办？要是他觉得我轻浮怎么办？要是……”

“停！停！停！”小仙女“投降”了，“那你就憋在心里，永远也别告诉他好了！”

心动的感觉！

十五六岁的青春期女生，在对男生产生好感的基础上，会形成一个或几个男性的“理想模型”，或英俊帅气，或阳光率真……

并且，在和男生的交往中，女生逐渐由对群体男生的好感转向对个别男生的依恋。

这一阶段，女生喜欢与自己心仪的对象在一起，如想方设法单独约会，不愿参加集体性的社会活动，而且很多人还会陷入结婚的幻想中。

此时，陷入心动感觉的女生精神会很兴奋，往往会对男生产生幻想，憧憬着美好的未来，却很少会考虑到面临的困难和阻力。

偷偷喜欢，暗暗欢喜！

处在青春期的女生，对爱情充满了憧憬和希望。一旦心里有了心仪的男生，她们就会想和那位有好感的男生有所接触，哪怕只是远远地看着他，也会感到很开心。

可是，“要不要跟他表白呢？”“好难为情啊，怎么好说出口？”

“万一被他拒绝了怎么办？很尴尬的。”“同学们会嘲笑我的。”

……

一方面，女生们因为害羞、害怕遭到拒绝、害怕被人非议等种种原因而难以启齿，不敢向对方表白。

另一方面，女生们也很明确地知道，早恋是学校和家长明令禁止的，自己若是公开表示喜欢某个男生，会给自己带来很大的困扰。

而且，她们也很清楚，自己对那个男生的喜欢也仅仅是好奇、有好感而已，并不是一定要和他成为男女朋友。

于是，她们不得不保守这个秘密，选择暗恋的方式，在心里默默坚守着这份腼腆的、纯纯的喜欢，并不要求对方同样付出。

2. 那个帅帅的男老师……

新学期伊始，晓晓班里新来了一位年轻的语文老师。他高大帅气，瘦瘦的个子，很有魅力。而且，他讲课幽默，知识渊博，脑子里装满了雨果、巴尔扎克、福楼拜、海明威等名家的作品和故事。他的声音也很好听，朗诵起来声情并茂……

喜欢文学的晓晓和班里的几名女生都被他吸引了。“我路过办公室的时候，如果从门外看到他的身影，心里就会像打翻了五味瓶一样，紧张、兴奋、害怕、害羞……我常常找借口向他单独请教问题，其实只是为了能跟他多讲几句话。我的脑海里每天都是他的影子，见不到他就无精打采……”晓晓苦恼不已。

“晓晓，你该不会是喜欢上了你的语文老师了吧？”小仙女语不惊人死不休。

“我……”晓晓顿时手足无措，“你会不会觉得我的想法是可耻的？”

小仙女想了想，说：“喜欢就喜欢了，没什么吧？只是大家很难接受而已。你会告诉他，你喜欢他吗？”

“当然不会！我喜欢他是我自己的事，从来没想过要让他知道。我不想造成他的困扰。”晓晓很认真地说道。

“那你还烦恼什么！”小仙女一脸拿你没办法的表情。

“嗯，你说得对，我会把我的喜欢默默藏在心底。”晓晓终于不再纠结了。

小女生的孺慕之情

处于青春期的女生对爱情和性有着朦胧的向往，很多女生对男性的爱慕是从比自己年长得多的男性开始的。日常生活中，接触最多的男性无疑就是老师。

年轻的男老师，或是时尚帅气，或是幽默风趣，或是知识渊博……这些特质，使很多女生把男老师当成了青春期感情的寄托。尤其是性格内向、敏感、害羞的女生，比较容易发生暗恋老师的现象。

一般来说，在师生交往的过程中，学生对老师都不同程度地存在着依恋。女生正是被男教师的学识、能力和品德等内在气质所深深地吸引，才产生了对男教师的爱慕之情。

男教师在教学中的言行越是满足女生们依恋的心理需要，则越有可能导致她们对男教师产生恋爱的幻想。

纯纯的爱慕！

在青春期，女生往往会对出现在自己身边的长者产生爱慕之情。又由于老师与学生的接触机会比较多，而且处于一种特殊和令人尊敬的位置，更容易成为女生们心中的偶像。所以说暗恋老师是正常的，也是自然的。

老师身上有一种成熟美。学生喜欢老师，其实只是为了满足自己的幻想，为了获得精神上的喜悦，并不是“爱”上谁了。

这种喜欢实际上是一种错觉，因为对男老师的某些内在品质特别敬仰，而产生的一种爱慕之情。

女生喜欢男教师，无论从生理还是心理来说，都不是什么大逆不道的事情，更不等于堕落。

她们的情感是纯洁的，也是幼稚的、不现实的。她们的喜欢，一般是默默地向往，并不会爆发出来成为真正的追求和恋爱。

3. 收到一封情书

一天，晓晓写作业的时候，从书包里翻出了一封信。晓晓好奇地看完之后，脸顿时红了。小仙女莫名其妙地问："你怎么了？"

晓晓红着脸，扭扭捏捏地看着小仙女说："有个男生……给我写了一封情书。"小仙女一听，八卦因子立马活跃起来，眼睛铿亮。"真的？赶紧拿来让我观摩观摩。"

晓晓拿着这封情书，就像拿着一块"烫手山芋"，既不知所措，又莫名奇妙的兴奋。

那是她们班里一个学习成绩平平但酷爱打篮球的男生。他爱玩爱闹，跟晓晓也相处得不错。可晓晓怎么都没有想到他居然……

“我该怎么办？”晓晓无限纠结。

小仙女故意一扬眉，说：“烦恼什么呀，喜欢他就答应交往呗！”

晓晓立马回绝：“我不喜欢他！”

“哦？不喜欢。要是喜欢就……”小仙女一脸坏笑。

晓晓气呼呼地瞪着小仙女。小仙女见好就收，不再逗她了。“被人喜欢，是一件值得高兴的事啊。难道你想做‘万人嫌’？”

晓晓一脸无奈。“我明白。可是，然后呢？我该怎么办？”

小仙女难得正经一回，做沉思状。“怎么办？要不告诉老师，让老师严厉批评他！”

“大前天的主意——真馊！那我以后怎么面对他？”晓晓一脸鄙夷道。

“那就当作什么事都没发生，不搭理他好了。”小仙女继续出主意。

“那会不会伤他自尊？”晓晓表示还是不能认同。

恋爱的种子萌芽了……

处于青春期的女生随着活动范围的扩大，认知领域的拓宽，对性有了基本理解，性意识和性体验明显增强，内心开始萌发初恋的幼芽。女生对男生产生了爱慕之情，就会陷入情感漩涡之中。

女生会突然对某一男生产生喜欢、倾慕甚至依恋的情感，会向喜欢的男生偷偷递纸条、写情书、制造机会与对方相处。甚至上课的时候，思绪不由自主地如脱缰的野马一般随意遐想……

虽然家长和老师对她们的管束很严，禁止女生陷入早恋，她们会因为自己内心的情感变化而感到压力重重，但是内心情感的涟漪却无法平息。

就这样，恋了……

女生早恋的原因多种多样。一般来说，性格外向、相貌出众的女生，喜爱文学、多愁善感的女生，性格软弱、虚荣心强的女生，学习成绩差的女生，以及缺少家庭温暖的女生更容易发生早恋。

1. 由于男生的仪表、特长和品性出众而产生爱慕
2. 由于生理发育和性成熟产生性冲动，对男性变得敏感，渴望了解男性，为了满足这种好奇心，就结交男生朋友，建立“恋爱”关系
3. 在男生身上看到了自己所不具备的品质或性格，在欣赏对方中满足自己的心理需要
4. 女生和男生之间的密切交往，往往会带来愉快的体验，从而进一步促进女生和男生之间的密切交往，逐渐转变为早恋
5. 在班级环境、文学作品的影响下，由于模仿或从众的心理而开始早恋

……

早恋，像天边的浮云……

有的女生的早恋行为十分隐蔽，通过书信、电话等方式来传递感情，但也有的女生很公开，在许多场合出双入对，俨然像一对情侣。

处于青春期的女生世界观尚未完全形成，无论是生理还是心理，都有待于进一步发育和完善，性格和品德等个性特征也都有待于锤炼和定型。

青春期的女生容易感情冲动，也十分脆弱。情绪起伏变化大，考虑问题简单，很少顾及后果。这种心理状况使早恋好像天边的浮云一样变幻莫测。

女生们主要渴望的是与男生单独接触，但是对未来组建家庭、如何处理恋爱关系和学业关系、如何区别友谊和爱情等事情都缺乏明确的认识。内心充满了矛盾，既想接触又怕被人发现，愉快和痛苦并存。

早恋，不成熟的爱！

1.学习受影响

陷入早恋的女生由于心理发育并不完全成熟，所以在交往的过程中，往往过分依恋对方或者过分注意对方的举动，分散了自己的精力，结果无心学习，成绩下降。

2.心理发展不健康

早恋往往是盲目的、短暂的，也是失败的。早恋的女生如果不能尽快地走出所谓的失恋阴影，会对女生的心理发展带来不良的影响，如错误的爱情观、异性人际关系处理方法等，会对女生以后的人生道路埋下不稳定的隐患。

3.影响生理发育

青春期的女生，自我控制能力薄弱，在早恋的交往过程中，很容易迷失自我，发生性关系。这会影响女生的生理发育，严重的甚至会造成生理疾病。

先把爱冷藏起来！

1.给感情降温

感情产生后，女生们要学会理智地对待自己的情感，不必刻意扼杀这份美好，也不能任其肆意成长。女生们，在恋爱这颗种子没有找到赖以生存的适宜环境之前，就先把它珍藏在心灵的保险柜中吧！将早恋的热情先冷冻起来，把它埋藏在心底，把精力集中在学习上。同时，和对方进行正常交往，珍惜纯真友好的感情。等到真正长大成熟以后，再决定是否继续。

2.广交朋友

女生们多参加一些集体活动，多和其他同学交往，尽量避免两人单独接触，以此来淡化恋爱关系，抑制内心躁动的情感。

通过与其他同学的广泛交往，女生们也许会发现其他男生身上的优点和可贵品质，会发现使自己心动的男生只是众多各具特色、各有特长的男生中的一员，会发现自己视野的狭窄、情感上的幼稚和不成熟。

当你与某个男生在交往过程中，心里产生了一些情感上的微妙变化时，你会怎样处理？不再继续交往下去？刻意保持距离，转移注意力？听凭自己内心的意愿？请把你的想法写在下面。

写下我最擅长做的事情。

Q 女生和男生交往中难免出现一时幼稚冲动，纸条和情书事件时有发生。如果收到男生的情书，应该怎样处理？

A

不论是否对这个男生有好感，女生收到纸条、情书后都要慎重处理。要知道，中学生还不成熟，无法对自己的感情和行为负责。选个合适的时机和他谈一谈，告诉对方在中学阶段不想考虑感情的事。

不要当面指责对方或将事情随便公开，这样会伤害对方的自尊心，使那个男生感到无地自容而反目成仇。别让情书事件成为心理负担，之后见面仍和以前一样落落大方、淡然处之，保持正常的朋友交往。

Q

一些女生和男生互相爱慕，会递纸条、约会、互相倾吐爱恋之心……他们的行为被人们称为早恋。什么是早恋？家长和学校为什么反对早恋？

A

早恋是未成年男女在青春期性成熟过程中，两性之间出现的一种过度亲密的互相接近、过早建立恋爱关系的行为。年龄在18岁以下的青少年谈恋爱，就是早恋。

青春期的女生阅历有限，对社会、人生的认识是肤浅的、片面的、幼稚的。有的女生因为感情问题造成学习成绩急剧下滑，影响升学，自毁前程，甚至因为早恋自杀的情况也时有发生。由于早恋不能获得社会、家长和学校及周围大多数人的认可，给女生的心理造成很大的压力。在压力、阻力和自身道德冲突中，女生们的注意力分散，过多地纠缠于烦恼、痛苦之中，影响了性情、性格、人生观、世界观的形成。

第2章
青春的纷扰

1. 那个令人羞愤的念头……

晓晓最近被一种难以启齿的念头扰得心神不宁，几乎无法集中精神学习。上课时总是走神，人在教室，心却不知飞到哪儿去了。

走在路上，与某个帅气的男生擦肩而过，都会让晓晓激动不已，并幻想着和他的再次不期而遇。对男生的爱慕和渴望越来越强烈，男生的一个眼神，一个微笑，都会让她脸红心跳。看到电影、电视、小说中的亲密镜头和片段，会产生无限的遐想，虚构出与所爱慕的男生在一起的细节……

有时候，晓晓的脑海里会出现一些和某个男生在一起的画面，而这些画面是从来没有发生过的。画面很美，心情也很美，和他做出拥抱、依偎等亲密的动作……

对于这样的念头，晓晓觉得恐慌，对自己很厌恶。晓晓千方百计想阻止这种念头出现，可是越是阻止，这种念头反而出现得越多……

绮思遐想

性幻想是指人在清醒状态下，对与性有关的事件的联想和想象，是自编自演的带有性色彩的故事或情节片段，也叫白日梦。

进入青春期以后，女生出现性幻想是性意识发育和性功能正常的一种表现。这与她们的心理发育和心理成长紧密相关。

性成熟使青春期女生对男性的爱慕十分强烈，可当客观现实不允许她们放纵自己的情感和行为时，许多难以付诸行动的情感，就会在梦境中表现出来。

女生们把影视剧中的亲密镜头、小说中性的语言，以及公园里恋人们的亲昵动作等，经过大脑重新组合、加工，内容可以不受任何限制，虚构出自己与所喜欢的人在一起约会、拥抱等画面。

实际上，性幻想是一种心理补偿。女生们往往通过幻想来达到心理上的满足。

情感宣泄

“我为什么会产生这种可耻的念头呢？”“我是不是心理有问题？”“我是个坏女孩吗？”

……

青春期女生产生性幻想，是自身性心理朦胧的萌发，也是对性知识一知半解、对性冲动缺乏自控能力的表现。这是一种正常的心理和行为。

适当的性幻想是青春期心理需求的宣泄。

因此，女生们产生性幻想并不是不正经、病态或道德败坏的行为，不必为此感到自卑、烦恼、羞耻。

过分压抑自己的性幻想，将会造成正常性心理受损，形成心理障碍。

虽然性幻想是一种正常的行为，但是，也不能过分沉溺于其中。

终日沉湎于性幻想，想入非非，会令人神思模糊，影响学习、工作和生活，也有害身体健康。

抛开幻想！

一般来说，紧凑的日常生活安排，适当的社交活动等，对消除性幻想都有明显好处。

出现性幻想时，女生们要学会及时分散自己的注意力，把自己的精力转移到其他事情上，比如，与人聊天，进行跑步、打球、游泳等体育活动，培养绘画、唱歌等兴趣爱好。

通过丰富多彩的文体活动，转移对性的注意力，增强自己的意志调控能力。这样，可有效地疏解自己的精神压力，减少性幻想的次数。

同时，多读一些趣味高雅、内容健康的文艺作品，拒绝接触色情淫秽书刊、图片、视频等可导致性幻想的内容，避免它们的挑逗与刺激。

同时，女生们要注意生理保健。不穿过紧的衣裤，避免对性器官的过多刺激，这样也可以减少性幻想。

总之，性幻想是青春期女生发育过程中正常的性生理和性心理现象。青春年少、朝气蓬勃的女生，通过性幻想可以达到心理上的满足，宣泄自己的情感。但是，过多沉溺于性幻想，会对身心造成不良影响。

女生只要以正确的态度对待性幻想，丰富充实自己的生活，就会很容易地避免过多的性幻想，培养健康的性心理。

女生应该了解科学的性知识，做到自重、自爱、自控，多把精力集中在学习上。

Q 一些女生有时会做奇怪的梦，梦见自己和倾慕的男生约会、拥抱……醒来后，却又觉得自己龌龊，为此自责不已、无心学习、烦躁不安。为什么会做这种梦呢？

A

很多青春期女生都有性梦的经历，这是一种正常的现象。性激素分泌旺盛，性器官的日渐成熟，外界与性有关的讯息的刺激和影响，使女生经常有性梦出现。

梦醒后，部分女生会忧虑、恐惧。其实，出现性梦并不是一件羞耻的事情。女生不必有心理负担，更不必自责、烦恼。性梦是一种自我调节，情感的宣泄。

首先，要科学学习性知识，掌握性生理和性心理的发展规律。只有正确地看待自己的性生理变化和性意识活动，才能有效地消除一些不良情绪。其次，尽量避免夜间过多地涉及与性有关的话题和活动，培养自己的克制力。

2. 抑制不住的冲动……

周末，晓晓一个人百无聊赖地坐在客厅看电视，电视里正在播放一部外国片。晓晓窝在沙发里，一边吃着零食，一边津津有味地看着。一会儿，片中的男女主角开始互相拥抱，放肆地亲热起来……

这时，晓晓心跳加速，感觉空气都凝固了。她赶紧关掉电视机，回到自己的房间。摸摸脸颊，脸上火烫火烫的。身体里有了异样的冲动，内裤竟然有点湿漉漉的。一整晚，晓晓都处于亢奋状态，兴奋得翻来覆去睡不着，脑海里总是浮现出片中那些让人心旌摇晃的情节……

性冲动来袭

青春期的女生，处于情窦初开的年龄，对男性的倾慕、热爱，往往在心灵深处激荡起感情的涟漪，容易产生好奇和冲动。

进入青春期，女生们体内的性腺受到脑垂体分泌的一些激素的刺激，迅速地成熟起来，并开始产生性激素。性激素有刺激生殖器发育生长的作用，还有促进第二性征出现，以及产生性欲的作用。青春期性激素分泌达到一定程度时，会引起性的生理冲动。

女生们在受到外界的刺激后，在神经系统的调节下，很容易引起性冲动。产生性欲望与性冲动是人类的本能，是生理发育与心理发展过程中的正常现象。对自身出现的性欲体验，很多女生感到迷惑、恐惧、焦虑，甚至把它看成是下流的、可耻的，并产生罪恶感。

缓解性冲动

青春期的女生产生性冲动，是正常现象。不要让思想过度集中在性问题上，影响正常的学习和工作，也不必过分地自责和压抑，以免产生焦虑、抑郁和其他不良心理情绪。

对青春期的女生来讲，不要去盲目地压抑性冲动，而要有效地去进行疏导和缓解，要学会用科学的方法加以调节，减少性冲动。

自觉遵守规律的生活作息时间。要按时就寝，按时起床。睡前避免过度兴奋，在床上不要胡思乱想；早晨按时起床，不要睡懒觉；被褥不宜过暖、过重。这对女生减少性刺激，控制自己的性冲动能起到一定的积极作用。

保持舒适的睡姿。最好的姿势是侧卧，下肢稍弯曲，各部分肌肉放松。以右侧卧为佳，尽量不要仰躺和趴睡。这样可以减少对外阴部的压迫和摩擦，有益于控制性兴奋。

选择宽松的内裤。过紧、过小的内裤，会对外阴部产生摩擦刺激。

洗澡时水温不宜过高，晚饭不宜过饱。这些也可以有效地减少性兴奋。

注意外阴部的清洁卫生。女生平时应注意清洗外阴，尤其注意经期的清洁。避免外阴部污垢沉积产生炎症。

约束自己，控制性冲动！

性冲动的产生是由人的意识所支配的，是人的高级神经活动的结果，而并不是受本能的生理机制所控制。因此，学习健康的性知识，加强自身修养，培养良好的、高尚的道德情操，可以从心理上调节、转移、控制自己的性冲动。

1.与男生正常交往

女生与男生在生活、学习与工作中，应该自然地、坦率地进行交往。与男生缺乏正常交往的女生，对于性的问题，往往比其他人更紧张、敏感。

2.珍惜纯洁的友谊

在日常的生活与学习中，女生与男生交往时，要保持冷静的头脑，避免频繁的单独接触。既要珍惜友谊，也要珍惜少女的纯洁。

3.不与庸俗的男生交往

要认真选择朋友，不要与那些庸俗的、下流的男生交往。否则，很容易受到他们的影响。如果择友不当，应立即绝交。

4.避免性的挑逗和刺激

不看庸俗的、不健康的、充满肉欲的书刊、画报、影视等声像制品，这些肉感的、富有挑逗性的刺激，往往使女生不能控制自己的性冲动，从而放纵自己。

5.培养强烈的进取心

中学时代是学习的黄金时代，女生们应把主要精力集中在学习上。保持积极向上的心理状态，能够对性冲动起到积极的疏导作用。

6.培养兴趣爱好

课余时间积极参加有益于身心健康的文体活动，使充沛的精力得到有益的释放。把精力集中在努力学习、发展兴趣爱好上，可以转移和淡化性的冲动。

7.培养责任感

随着女生性生理和性心理的逐渐成熟，会自然地产生性冲动。但是，女生还要学会对自己的行为承担责任。否则，一味地放纵自己，会给自己、他人造成伤害。

3.触摸，秘密花园……

晓晓时常感觉到，自己的身体里有一种欲望在蠢蠢欲动。

一次偶然，晓晓不小心摩擦到了私密处，顿时，一阵快感流遍全身，晓晓感觉非常舒服。后来，晓晓慢慢地发现，自己身体里时常产生一种无法遏制的躁动。每次，晓晓都不由自主地用手去抚摸自己的身体，去寻求这种快感。渐渐地，晓晓沉沦在这种游戏中……

这天晚上，晓晓躺在床上翻来覆去总是睡不着，特别兴奋。晓晓心里升起一阵阵烦躁，身体里突然升腾起一股冲动。晓晓的手又不由自主地向下身探去……

每次快感过后，晓晓都有强烈的负罪感和肮脏感，她很厌恶自己。

晓晓总是告诫自己，以后再也不能这样了。但是，每当冲动再次来袭时，强烈的欲望又轻而易举地攻破了所有的理智和意志。

晓晓很痛苦，在欲望的泥淖中苦苦挣扎……

让人沉沦的自慰游戏

青春发育期，由于性激素的作用，女生的外生殖器敏感性加强，有时偶然或意外的碰触，会引起性兴奋而产生一时的快感。

青春期女生的性意识处于朦胧的觉醒状态，既不成熟又缺乏性的体验，神经中枢对性冲动的克制作用还比较薄弱，容易使女生产生跃跃欲试的心理。

自青春期开始，女生的性欲便会渐渐增强。自慰是以一种透过自我的刺激而达到性兴奋的行为，用手刺激自己身体的敏感部位，或借助其他物品的帮助，从而得到性的乐趣。

适度的自慰是对身体欲望的缓解和宣泄。偶尔的自慰行为是女生在青春发育期的一种正常性冲动的表现，并不影响健康。

沉重的精神负担！

虽然自慰行为是女生在青春发育期的一种正常性冲动的表现，但是如果自慰次数过多，过分强烈，形成了习惯，就会像暴饮暴食会造成消化不良、运动过度会使肌肉劳损一样，无论对生理还是心理都会产生一些不良影响。

很多自慰的女生内心都处于矛盾的状态，想戒掉这种习惯却又不能自拔，从而产生悔恨、自责、羞愧等心理，甚至产生负罪感。

一方面是自慰的快感和新鲜体验的诱惑，另一方面是沉重的精神负担。有自慰习惯的女生被套上精神枷锁，使她们一直处于自责、恐慌及不能自拔的痛苦与焦虑之中。

长此以往，就会形成恶性循环。有自慰习惯的女生会失眠、多梦、疲乏无力、注意力不集中，记忆力减退、学习成绩下降……

怎样摆脱自慰习惯?

沉迷于自慰游戏无法自拔？背负心理枷锁而羞愧、恐慌、自责？……女生们，不必因此而悔恨，甚至产生负罪感哦！既然自慰影响到了我们的身体及心理健康，那么就学会科学地认识自慰问题，努力克服自慰习惯吧。

No.1

锻炼自身的意志和毅力。当出现性欲望时，可以进行自我调节，自我控制。尽量控制自慰的欲念，逐渐减少自慰的次数，直至戒除。

No.2

分散注意力。每当出现自慰念头时，去做一些有益身心的文体活动，如下棋、听音乐、看书等。丰富兴趣爱好，充实课外生活，可以淡化和转移性欲，从而有效地克服自慰的习惯。

No.3

减少或避免对生殖器的刺激。不要憋尿，内裤不要过于紧小，防止对外生殖器造成刺激。

No.4

养成有规律的生活习惯。按时睡觉，按时起床，不睡懒觉，不赖床。睡眠以右侧卧为佳，不要俯卧，被子不要过厚。避免睡前过度兴奋……这对减少性的刺激与控制性欲能够起到积极作用。

No.5

有选择地阅读书刊。要选择科学的性知识读物，帮助女生从医学和健康卫生的观点去了解性生理、性心理现象，使她们对自身出现的问题做出积极的、适当的反应，从而排除有碍身心健康发展的消极因素。

No.6

不要阅读色情淫秽书刊，交朋友时要谨慎，不与庸俗的、下流的人为伍。

4.什么是性道德？

女生进入青春期以后，生理逐渐发育成熟。在缺少正确的性知识教育的情况下，书籍、影视、网络等媒介对性内容的传播，会使女生出现强烈的性冲动。

现代社会，人们的性观念也发生了很多变化。

生理的需求和外界的不良刺激，使女生在受到诱惑时，很容易一时冲动不能恪守最后的防线而沉沦。

随着青春期女生越来越多、越来越早地发生性行为并造成怀孕，有人感叹这些少男少女缺乏性知识，没有做好避孕措施。

目前，中学阶段开设的性教育课程，内容主要是生理卫生知识。而有的学校却把避孕措施等不合时宜的性知识搬入学生课堂。

但是，性教育的内容仅仅就是性生理知识吗？

这种仅止于“会避孕”的性教育，破坏了青春期女生尚未建立的道德意识，对女生产生暗示或诱导的负面作用，使她们更加好奇地去尝试。

当她们陷入迷乱的感情中时，就会对性行为跃跃欲试，而根本不去考虑后果；她们也意识不到，婚外性行为都是不合法的、不道德的……

虽然，性是人类的本能，但是人类的性行为还是要受到社会性道德规范的制约。

对青少年实施性道德教育，让他们恪守性道德、避免性行为，比单纯的性生理教育更为重要。

人是受道德约束的社会人！

进入青春期后，随着女生们性生理的迅速发育，性体验和性冲动也会十分强烈。青春期女生的性发育，不仅使其具有了生殖能力，而且还激发了潜在体内的性冲动，唤醒了性意识，从而产生对异性的好奇、爱慕和吸引等情绪。

性是人和动物共有的本能，青春期女生会产生性欲望、性冲动也是自然的。但人毕竟不同于动物，人生活于社会之中，要受到法律、法规、社会道德标准等的制约。

性问题包括很多方面，生理的、心理的、伦理的、社会的……只有把这些方方面面完整地结合起来的性教育才是最健康、最科学的。

正处在成长中的女生们，不能放纵自己，要学会淡化和理智地对待性欲望。

性是人和动物共有的本能，青春期的女生会产生性欲望、性冲动也是自然的，但要会淡化和理智地对待性欲望。

不要给人生留下创伤！

青春期的女生，尽管性器官、性机能发育成熟，并且有了强烈的性生理感受，但她们对性的科学性和性的社会意义却仍然一知半解。因此，青春期的性行为并不是成熟的道德行为。

由于青春期女生的自制力较差，情绪起伏变化大，遇到问题往往出现不冷静、好冲动的特点。

一些青春期女生有了性冲动却不懂得用道德标准来约束自己，不懂得用法制观念控制自己，以至于任凭生理冲动自由泛滥，导致失足走向歧路，发生婚前性行为、未婚先孕等现象，造成人生悲剧。

青春期的女生，如果不懂得控制约束自己，就容易酿成苦果，给人生留下不可弥补的创伤。

向处于青春期的女生传授性知识的目的，是为了让她们懂得人体的一般生理知识，了解自身的生理构造，解除生理和心理上的困惑，懂得生命的起始，从而热爱生命，为她们身心的健康成长提供保证。

除此之外，青春期的女生掌握一些性伦理的基本知识和原则也很有必要。女生们应该明白，还没有成熟就涉及性关系是非常冒险的行为。在青春期所发生的性行为，都是违背性道德的。

培养性道德意识，树立正确的性道德观，自觉抵御外界的诱惑，拒绝和避免发生性行为。

恪守底线，约束自己！

性生理知识教育，解决的是性是什么与不是什么的问题，没有好与坏的区别；而性道德教育，是告诉女生们如何处理与性有关的行为，并且有着对与错的划分。

如果把人比作驾驶员，把性比作汽车，那么性道德就是交通规则。汽车行驶时，必须接受交通规则的约束。尽管性是个人的问题，但是如果没有道德规范的约束，也会成为脱缰的野马，破坏社会的健康与和谐。

性不仅仅意味着享受，还意味着道德和责任。

青春期女生应该懂得约束自己。对性开放的时髦保持冷静，对性冲动保持克制。

青春期女生要培养正确的婚恋观、性爱观，了解性法律法规，懂得性病防范知识等。要学会洁身自好，适时保护自己，拒绝不正当的性关系要求，抵制性强迫。要明白两性间的平等和尊重，懂得两性相处的道德原则。

向性诱惑说“不”！

女生进入青春期后，接触社会的范围逐渐扩大，接触的人群也逐渐增多。青春靓丽的女生容易遭遇一些居心不良者的挑逗、诱惑与性侵犯。女生应该学会一些自我保护的方法。

1 树立正确的贞操观念。坚守贞操不等于性克制，而是性的道德标准在个人身上的反映。应该吸取传统贞操观念中积极的一面，尊重和保护自己，不放纵自己的欲望。

2 端正品行，培养高尚的道德情操。不要盲目与别人攀比，不要受他人物质上的利诱而顺应其不合理的要求。当有人用金钱等物质来做诱饵时，要懂得拒绝。

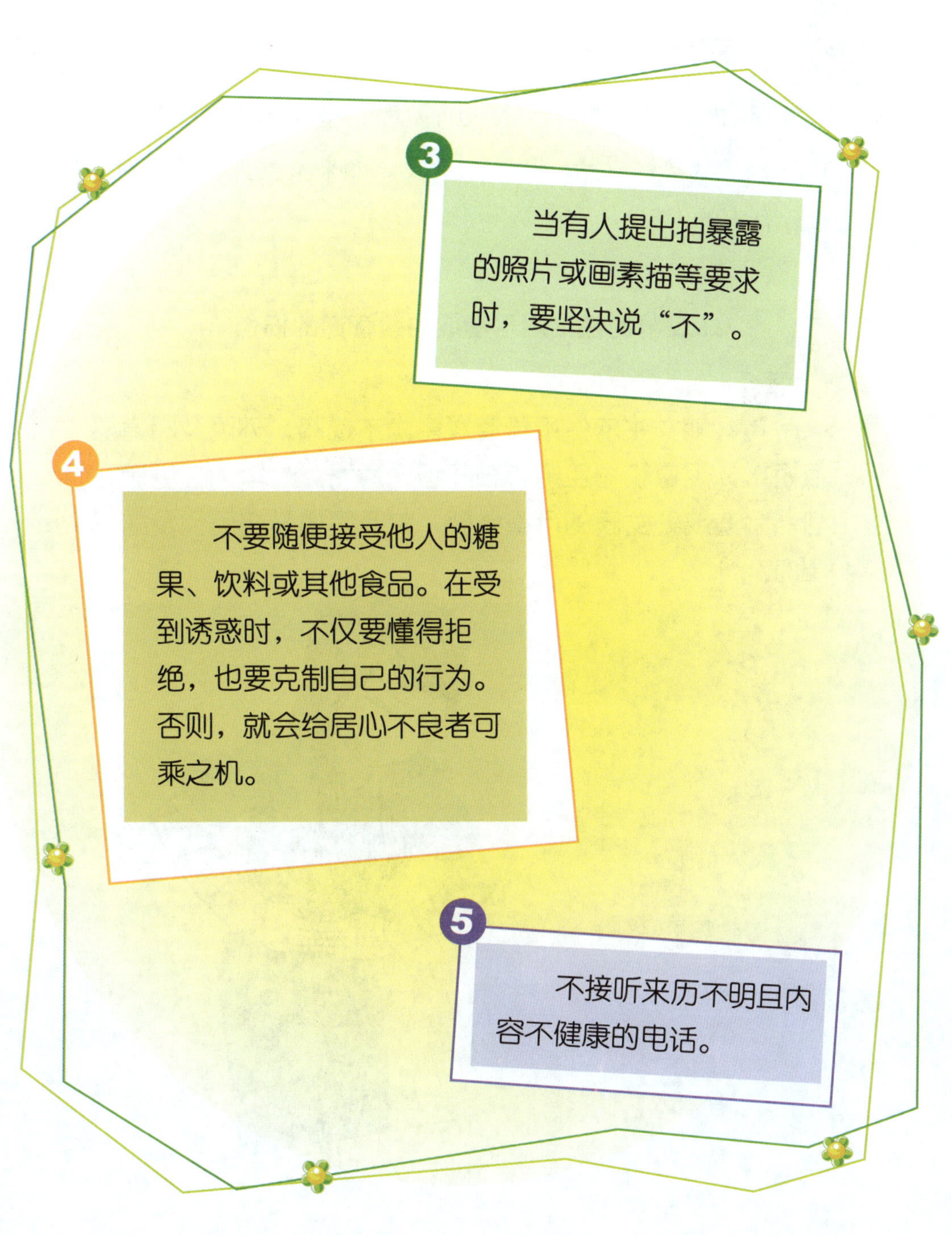

3

当有人提出拍暴露的照片或画素描等要求时，要坚决说“不”。

4

不要随便接受他人的糖果、饮料或其他食品。在受到诱惑时，不仅要懂得拒绝，也要克制自己的行为。否则，就会给居心不良者可乘之机。

5

不接听来历不明且内容不健康的电话。

突破最后防线的代价！

青春期的女生正处于生长发育阶段，全身各系统尤其是生殖器官尚未完全发育成熟。在这一阶段，如果发生性行为，对女生是十分有害的。

1.过早的性生活可造成生殖管道的损伤

青春期女生的生殖管道发育尚不成熟，外阴及阴道都很娇嫩，阴道较短且阴道表面组织薄弱。过早的性生活，可能会造成处女膜的严重撕裂，以及阴道裂伤而引发的大出血。

2.人工流产伤害女生的身体

青春期女生由于缺乏避孕知识而怀孕，之后的人工流产不仅会给女生带来心理压力，而且会对身体造成伤害。未婚先孕被认为是丢脸的事，会给女生带来精神上的巨大痛苦。人工流产会造成伤口感染、月经不规则或永久不再生育等诸多并发症，造成终生遗憾。

3.过早的性生活影响学习和工作

女生的性心理和社会心理都不成熟。过早的性生活会给她们的身心造成巨大的伤害。女生应该十分珍惜自己的青春与身体。

5. 臭男生居然捏我的脸!

晓晓最近发现，坐在她后排的一个男生越来越过分。平时，他就会不时地拉扯晓晓的头发；常常把腿伸到晓晓的凳子下，不停地晃动；还把晓晓衣服上的帽子当垃圾桶，往里面扔纸团……总之，他的“恶行”是数不胜数。

现在更让人气愤，他不仅喜欢在女生面前讲一些露骨的笑话，还总是往女生身边凑，让女生又气又恼。

有一天，那个男生经过晓晓身边时，还故意捏了一把晓晓的脸。

晓晓非常气愤地说：“他已经不是第一次捏我的脸了。他说我的脸红扑扑、粉嫩嫩的，捏着特别好玩。气死我了！”

小仙女眨着清澈的大眼睛说：“那你干嘛不反抗？你平时不是很‘彪悍’的吗？”

“我就拿眼睛狠狠地瞪他，他竟然还一副嬉皮笑脸、若无其事的样子。太可恶了，我感觉就像吃了死苍蝇一样！”晓晓真是气坏了。

晓晓越说越生气。“他做这些举动时，班上一些男生也跟着起哄，甚至还有一些男生跟着效仿。他们也捏女生的脸，有时候还动手动脚。可是，那些女生总觉得不能因为这样就破坏了跟男生的友谊，总是一笑了之。结果就是，那些男生越来越大胆，越来越过分！有的女生手机上还会收到一些污七八糟的图片，还有一些露骨的短信……”

小仙女再迷糊也意识到事情有些严重了，说道“为什么不告诉老师呢？”

“我们班好多女生碍于同学情面，不愿意告诉老师或家长。但是，鲁迅先生说‘不在沉默中爆发，就在沉默中死亡’，他要再敢惹我……哼！”晓晓愤愤地道。

校园里的骚扰！

要有防范意识，保护、珍惜自己的身体。女生要知道，自己的身体是应该受到尊重的，不当的触摸或言语上、身体上的侵犯，都是不应该、不合理的。女生要当面拒绝、抗议，或告诉师长亲友，让他们协助处理。

有的女生害怕失去朋友，或者不好意思撕破脸皮。面对性骚扰时，她们不敢强烈反抗，也不敢向老师、家长告状。然而，女生要明白：朋友之间应该是相互尊重的。一个不尊重朋友甚至伤害朋友的人宁可不交。

遇到校园性骚扰，女生们不能忍气吞声、姑息迁就。

应当勇敢地站出来指证他们。如果选择沉默，换来的将是更加变本加厉、有恃无恐的骚扰。遇到骚扰，要理直气壮地大声呵斥、严词警告，或者告诉家长和老师，甚至报警。

受到骚扰后，有条件的话要进行心理咨询、心理治疗。这样可以减轻心理压力，避免造成心理阴影。

骚扰无处不在！

青春期女生参加各种社会活动的机会越来越多，接触的环境也越来越复杂，如果缺乏自我保护意识，就有可能遭受性方面的骚扰。

性骚扰包括语言上的侮辱、威吓，对身体的猥亵和性的引诱、挑逗，以及违背本人意愿的拥抱、抚摸等身体接触等。

骚扰方式

1. 公共场所被他人用暧昧的眼光上下打量
2. 电话骚扰。通过一而再、再而三地打电话，想尽各种理由闲聊
3. 赠送与性有关的礼物或展示色情刊物
4. 交通工具内，故意抚摸或擦撞身体

……

保护自己，不受伤害！

女生要加强性保护意识，学会保护自己，去勇敢面对复杂的社会。女生掌握一些性保护常识，可以防范和减少性骚扰。

自我保护常识

独自外出时，应了解周围地理环境，尽量选择安全路线。不要独自一人走荒僻的小路或陌生的地方。晚上外出时，要结伴而行，还要告诉家长要去哪里，和谁一起去。

不要过于打扮自己，穿着不可过于暴露，切忌举止轻浮张扬。也不要去各种酒吧或歌舞厅等成人娱乐场所。

外出时尽量不要和陌生人搭话。如果有陌生人跟随，要立刻向人多的地方靠近。一定要保持警惕，不要轻易相信陌生人。遇到陌生人纠缠要用力挣脱或大声呼叫。

外出时，要与家长保持联系。未得家长许可，不可在别人家夜宿。

第5个常识

不可随便食用陌生人给的饮料或食品，谨防有麻醉药物。拒绝不怀好意的男性提供的不健康的书籍。不要随便接受他人的礼物，被小利小惠迷惑了心智。要防范有明显恶意的坏人，同时也要警惕以善意的面目出现的“好心”人。

第6个常识

要避免单独和男性在家里或是宁静、封闭的环境中会面，尤其不能独自到男性的家里去。

不要让他人随便接触自己的身体，不管是否认识。尤其是单独相处时，一定要回避男性过分的举动。如果有人故意碰触自己的身体，女生一定不能表现得胆怯懦弱，要严厉制止，或跑到明亮、人多的地方求救，甚至用手中可利用的东西反抗。

独自在家时，注意关门，拒绝陌生人进屋。对自称是服务维修的人员，也告知他等家长回来再说。

如果做错了事，不要被人以此来要挟，听从他的摆布。女生应勇敢地承认错误，做一个心地坦荡、光明磊落的女孩。总之，女生碰到一些不如意的事，要保持冷静，寻求家人和民警的帮助，这一点是非常重要的。

女生们，要学会洁身自好，珍惜自己，爱护自己。走好人生的每一步，才能拥有一个美好的人生。